Petit Pont

Welcome to the world of Petit Pont...

Text © Paul Rogers 2004

Illustrations © Eclipse Books 2004

Photocopying is prohibited and is illegal without
the prior consent of the copyright holders.
To apply for permission contact Eclipse Books.

Published by Eclipse Books

First Published in 2004
Reprinted 2006, 2007

Eclipse Books, 62-65 Chandos Place, Covent Garden, London, WC2N 4LP

ISBN 0-9548108-0-5

Illustrations by HL Studios, 17 Fenlock Court, Blenheim Office Park, Long Hanborough, Oxford, OX29 8LN

Design and layout by HL Studios, 17 Fenlock Court, Blenheim Office Park, Long Hanborough, Oxford, OX29 8LN

Printed by Planit Print and Design

Contents

		PAGE
Unité 1	**Bienvenue à Petit Pont!** Greetings	**01**
Unité 2	**Voici Petit Pont** Places in town	**06**
Unité 3	**En famille** Brothers and sisters	**10**
Unité 4	**A l'école** At school	**15**
	Chercher les mots Looking up words	**20**
Unité 5	**Joyeux anniversaire!** Dates and birthdays	**22**
Unité 6	**Les animaux** Pets	**28**
Unité 7	**Quelle couleur?** Colours	**33**
Unité 8	**Que sais-tu?** Look again	**39**
	Wordlist	**44**

Unité 1
Bienvenue à Petit Pont!

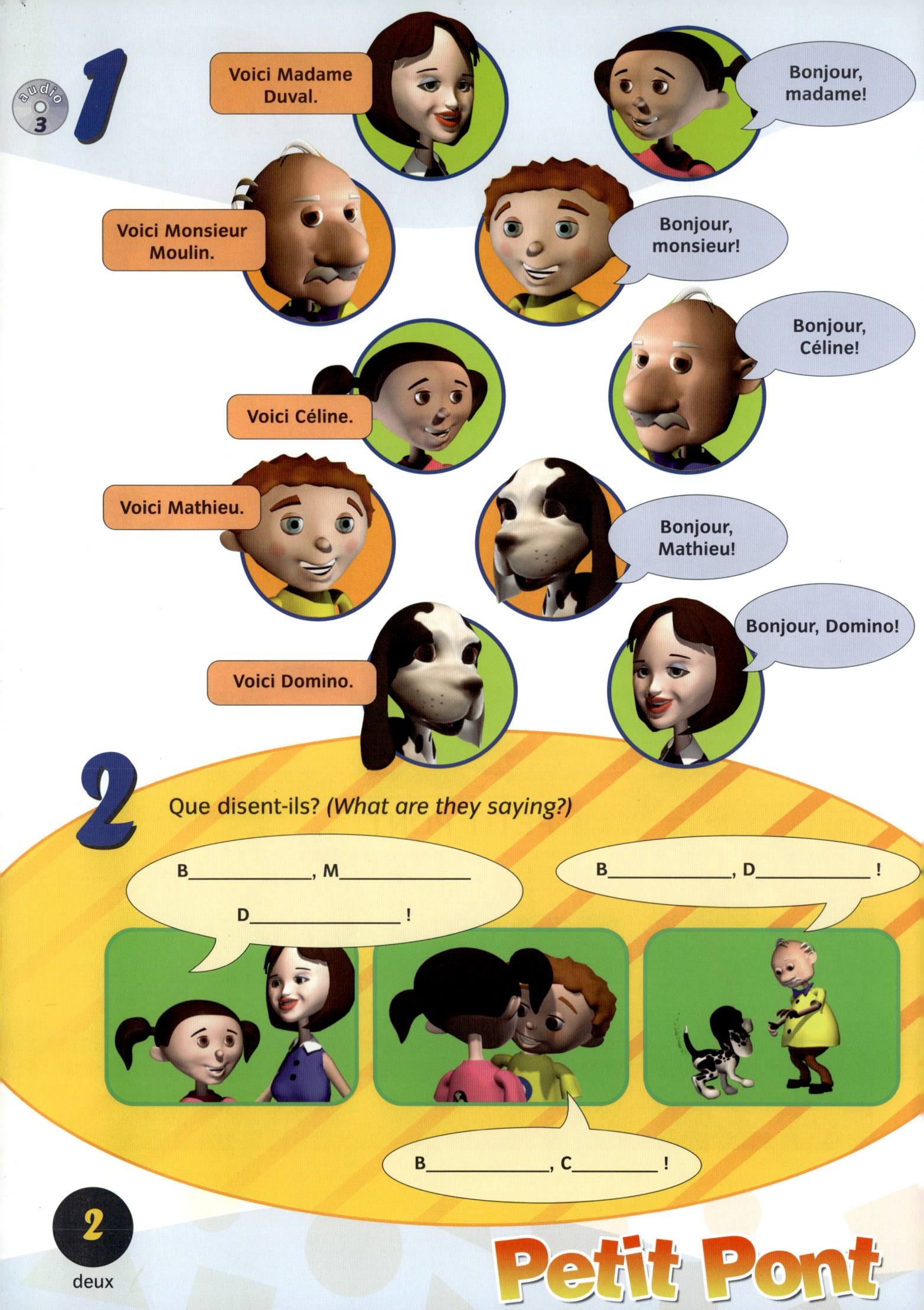

3

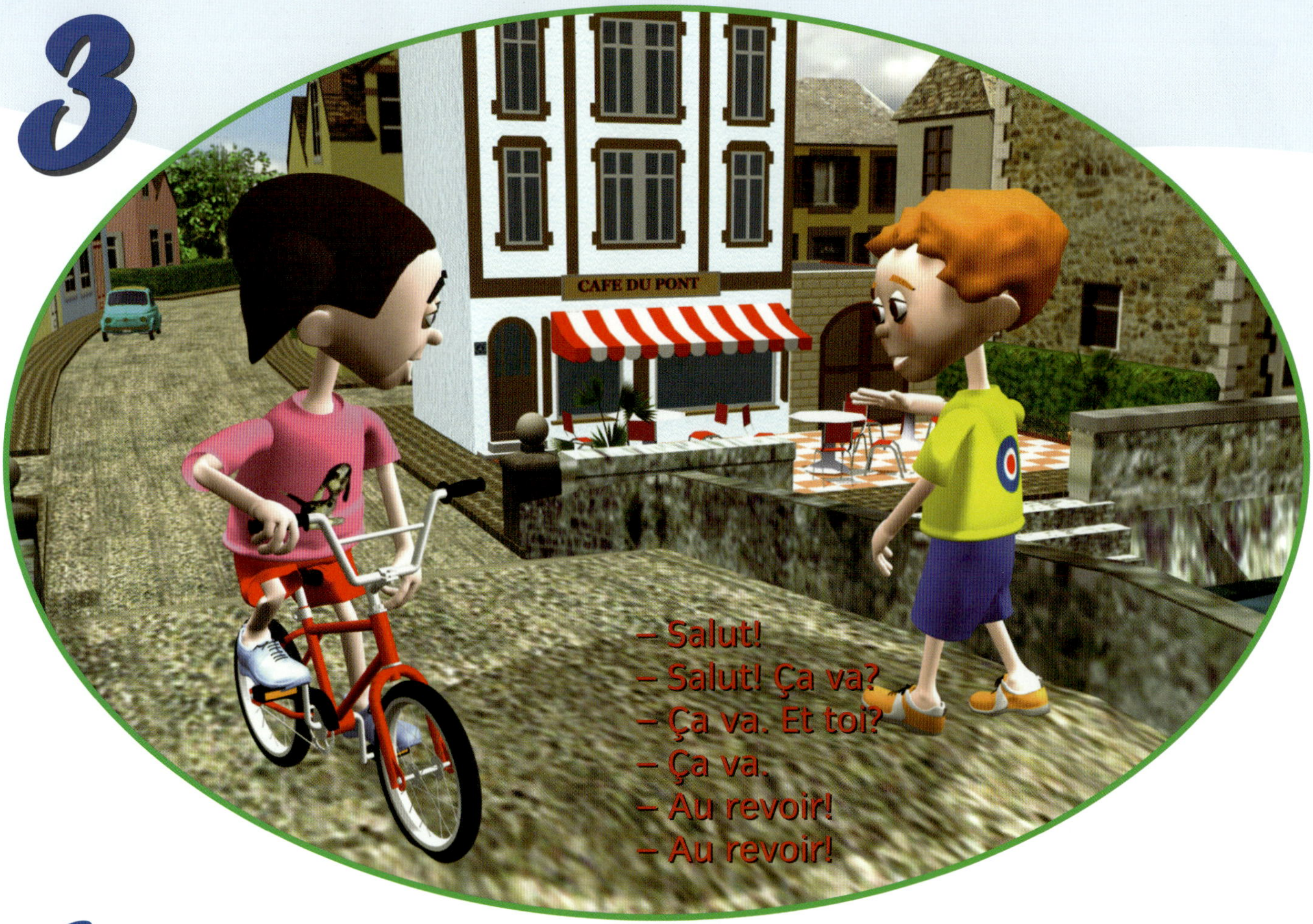

– Salut!
– Salut! Ça va?
– Ça va. Et toi?
– Ça va.
– Au revoir!
– Au revoir!

4 Ecoute. Qui parle? *(Listen. Who's speaking?)*

5 Remplis les blancs. *(Fill the gaps.)*

a

b

c

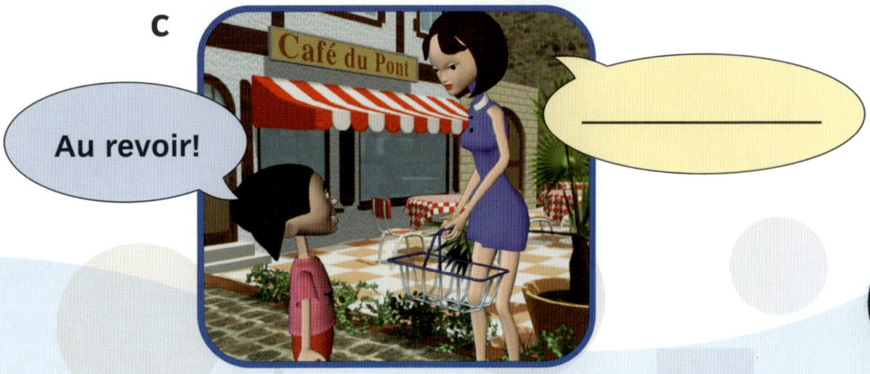

trois

1

Comment tu t'appelles?

Je m'appelle Benoît.

Je m'appelle Jean-Philippe.

Je m'appelle Marie-Laure.

Je m'appelle Amélie.

Contre la montre

Comment tu t'appelles?

Je m'appelle Céline.

Je m'appelle Youssef.

Comment tu t'appelles?

Chanson

Bienvenue à Petit Pont!
Comment t'appelles-tu?
Bienvenue à Petit Pont!
Bienvenue!

tu
unité
Duval
salut
bienvenue

4
quatre

Petit Pont

Et moi?

cinq

Unité 2
Voici Petit Pont

Petit Pont

1 Qu'est-ce que c'est? *(What is it?)*

① ② ③ ④

_____   _____   _____   _____

⑤ ⑥ ⑦ ⑧

_____   _____   _____   _____

Attention   'the'
- le + masculin   *exemple*: le pont
- la + féminin   *exemple*: la place
- l' + a, e, i, o, u   *exemple*: l'école (féminin)

2 *le, la* ou *l'*?

Voici _____ café.

Voici _____ place.

Voici _____ piscine.

Voici _____ pont.

Voici _____ école.

Voici _____ château.

3 Complète le tableau.

masculin	féminin
le _____	la _____
_____	_____
_____	_____
_____	l'école

Chanson

Qu'est-ce qu'il y a à Petit Pont?
Il y a le pont
Et beaucoup de maisons!

Qu'est-ce qu'il y a à Petit Pont?
Il y a l'école
Il y a le pont
Et beaucoup de maisons!

Qu'est-ce qu'il y a à Petit Pont?
Il y a le château
Il y a la piscine
Il y a le café
Il y a la place
Il y a le stade
Il y a l'école
Il y a le pont
Et beaucoup de maisons!

1

Où habites-tu?

J'habite à Petit Pont, en France.

Et toi? Où habites-tu?

J'habite à _____ _____

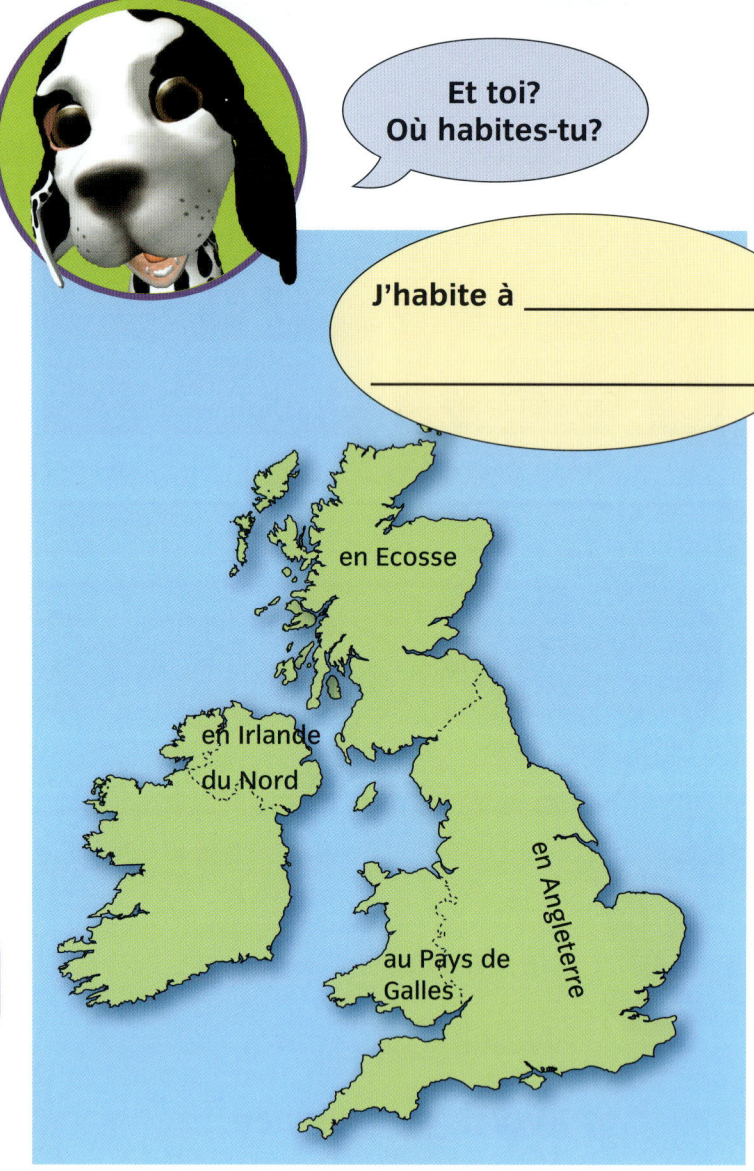

Attention
There is ⟶ Il y a
There are

2 Ecris l'anglais. *(Write the English.)*

Ça va? _____

Comment tu t'appelles? _____

Où habites-tu? _____

8 huit

pont   bonjour   bonsoir   maison
contre   montre   chanson

Le drapeau

le facteur
un colis
①

un drapeau
②

③

④

⑤

⑥

⑦

⑧

neuf

Unité 3
En famille

Un deux trois
quatre cinq six sept
huit neuf dix

1 Quel âge as-tu? *(How old are you?)*

 J'ai neuf ans.

 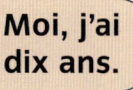 Moi, j'ai dix ans.

2 Ecoute le CD. *(Listen to the CD)*

Quel âge a Vincent? _____

Quel âge a Amélie? _____

Quel âge a Youssef? _____

Quel âge a Marie-Laure? _____

dix
neuf
huit
sept
six
cinq
quatre
trois
deux
un
zéro
FEU!

Poème

Un, deux, trois,
Domino et moi
Quatre, cinq, six,
Bonsoir!
Sept, huit,
Neuf et dix
Au revoir!
Au revoir!

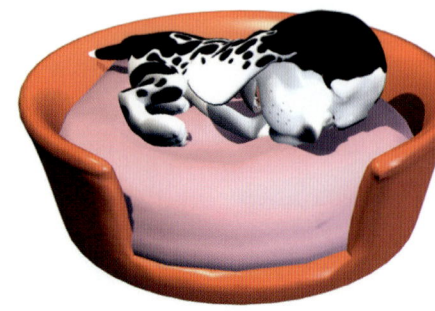

10
dix

Petit Pont

4 Tu as des frères et sœurs? *(Have you got any brothers and sisters?)*

- Oui, j'ai une sœur.
- Oui, j'ai un frère et une sœur.
- Oui, j'ai deux frères.
- Non.
- Euh....oui.... je crois.

5 Remplis le tableau.

prénom	frères	sœurs
Jean-Philippe	1	1
Amélie	___	___
Charlotte	___	___
Youssef	___	___

Attention

'a', 'an' or 'one' → un + masculin   *exemple*: un frère
             → une + féminin   *exemple*: une sœur

6 Et toi? Tu as des frères et sœurs?

_____
_____

11 onze

1 Remplis les blancs avec *un* ou *une*.

Chanson

Qu'est-ce qu'il y a à Petit Pont?
Il y a un pont
Et beaucoup de maisons!

Qu'est-ce qu'il y a à Petit Pont?
Il y a une école
Il y a un pont
Et beaucoup de maisons!

Qu'est-ce qu'il y a à Petit Pont?
Il y a _____ château
Il y a _____ piscine
Il y a _____ café
Il y a _____ place
Il y a _____ stade
Il y a _____ école
Il y a _____ pont
Et beaucoup de maisons!

2 Relie les questions et les réponses. *(Join up the questions and the answers.)*

Ça va? — Ça va.
Comment tu t'appelles? — J'ai neuf ans.
Où habites-tu? — J'ai un frère.
Quel âge as-tu? — à Paris.
Tu as des frères et sœurs? — Marie.

3 Maintenant, pose les questions à ton/ta partenaire. *(Now ask your partner the questions.)*

12 douze

Petit Pont

4 Complète les informations.
(Regarde les pages 10 et 11.)

Monsieur Thomas (père)

Madame Thomas (mère)

_____ (____ ans)

Charlotte (10 ans)

_____ (4 ans)

Madame Bertrand (mère)

Monsieur Bertrand (père)

_____ (____ ans)

Nicolas (8 ans)

Amélie (____ ans)

Madame Duval (mère)

Marie-Laure (____ ans)

Jean-Philippe (12 ans)

Vincent (____ ans)

Monsieur Abdouni (père)

Madame Abdouni (mère)

_____ (____ ans)

Samia (6 ans)

Farida (8 ans)

13
treize

Le jardin de Monsieur Moulin

Unité 4
A l'école

Les jours

lundi
mardi
mercredi
jeudi
vendredi
samedi
dimanche

On est quel jour?

On est lundi.

1 Ecoute. Céline a école quels jours?

lundi ✓	mardi	mercredi	jeudi	vendredi	samedi	dimanche

2 Contre la montre

lundi on a école
mardi on a école
mais mercredi – non!
jeudi on a école
vendredi on a école
samedi on a école
mais dimanche – non!

Tu as école lundi?

Oui.

Tu as école mardi?

15 quinze

1 Recopie la bonne instruction.

Ecoutez   Levez la main
Levez-vous   Taisez-vous
Asseyez-vous

 ❶

 ❷

 ❸

 ❹

 ❺

objets

- une trousse
- un feutre
- une gomme
- un stylo
- une règle
- un crayon
- un taille-crayon

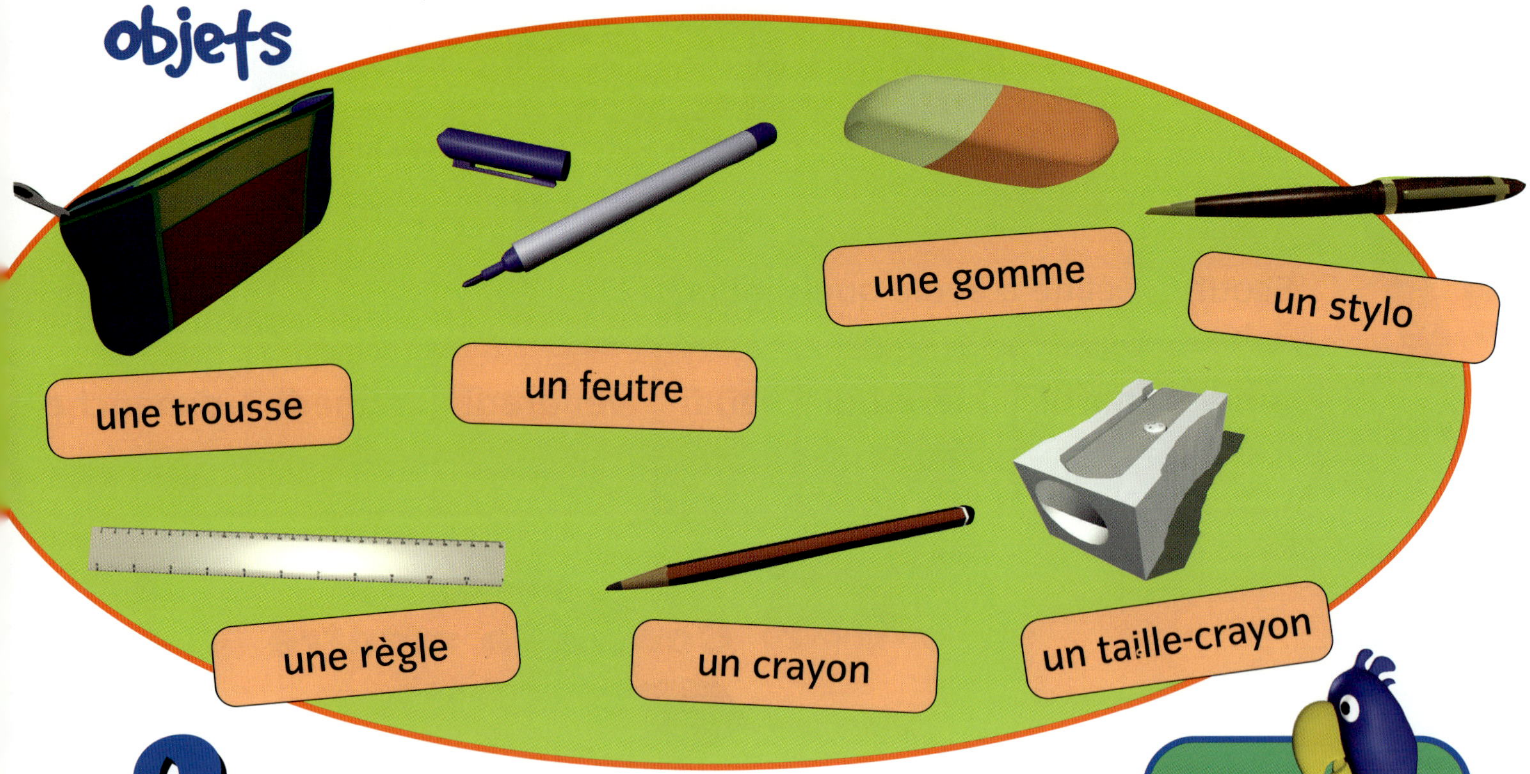

2 « le » ou « la »?

exemple: le stylo

____ crayon   ____ trousse   ____ gomme

____ règle   ____ taille-crayon   ____ feutre

deux
neuf
jeudi
Mathieu
feutre

audio 24

seize

Petit Pont

3 Combien? *(How many?)*

Combien de gommes? <u>six</u>

Combien de crayons? _____

Combien de taille-crayons? _____

Combien de stylos? _____

Combien de règles? _____

Attention
un crayon
deux crayon(s)
silent!

Chanson

audio 25

Qu'est-ce qu'il y a
dans la trousse marron?
Il y a des feutres
Et beaucoup de crayons.

Qu'est-ce qu'il y a
dans la trousse marron?
Il y a une règle
Il y a des feutres
Et beaucoup de crayons.

Qu'est-ce qu'il y a
dans la trousse marron?
Il y a un taille-crayon
Il y a une gomme
Il y a un stylo
Il y a une règle
Il y a des feutres
Et beaucoup de crayons.

dix-sept

Les nombres 11 à 20

11 onze
12 douze
13 treize
14 quatorze
15 quinze
16 seize
17 dix-sept
18 dix-huit
19 dix-neuf
20 vingt

Complète.

Deux + dix = _____
Neuf + sept = _____
Sept + quatre = _____
Onze + six = _____
Treize + cinq = _____
Trois + dix-sept = _____
Quinze + quatre = _____

Dans la salle de classe

Petit Pont

Le visiteur

lundi

mardi

mercredi

jeudi

vendredi

un tableau

Chercher les mots

L'alphabet français

a b c d e f g h i j k l m n o p q r s t u v w x y z

Ecris les mots. *(Write down the words)*

Exemple: M a i s o n

Contre *la montre*

Combien de secondes pour dire l'alphabet?

Dans le dictionnaire

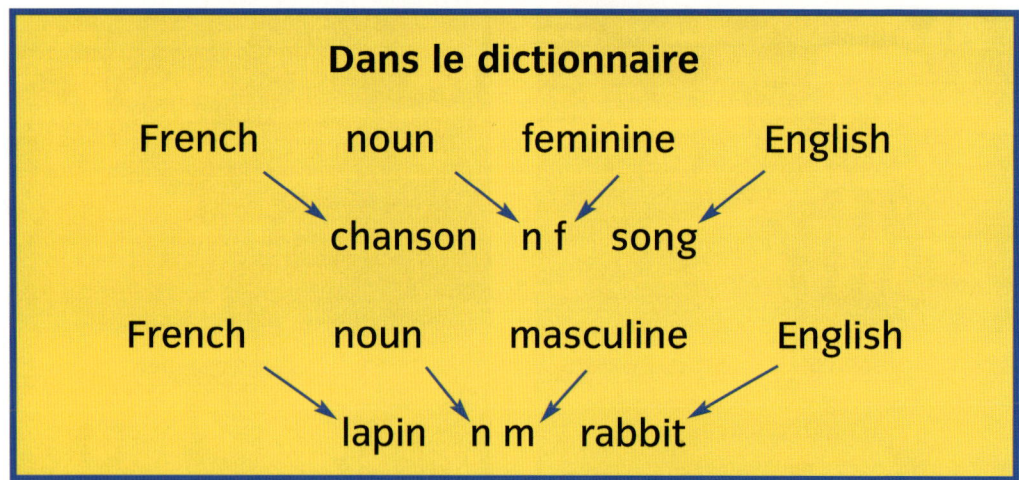

Mets dans l'ordre alphabétique.

école   place   stade   cour   maison

_____ _____ _____ _____ _____

Mets dans l'ordre alphabétique.

monsieur   maison   moulin   madame   mardi   marron

_____ _____ _____ _____ _____ _____

vingt

Petit Pont

4

le ou la? (masculin = le ; féminin = la)

____ fantôme   ____ jour   ____ mot

____ place   ____ nombre   ____ boulangerie

5

Ecris en *français* dans l'ordre alphabétique.

_____

6

Quel nom est mal placé? *(Which noun is in the wrong place?)*

 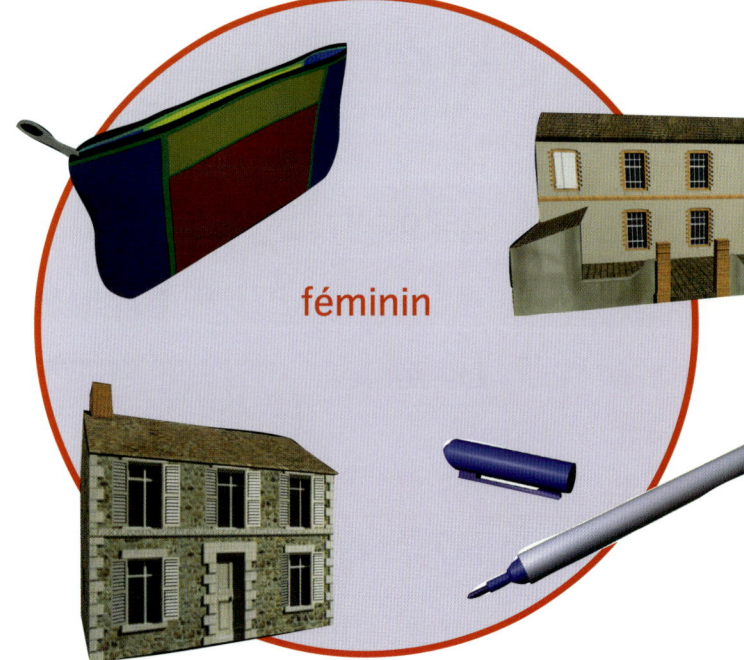

7

Look up the French for…

hand _____   a sweet _____

chocolate _____   a horse _____

white _____   when? _____

where? _____   sorry _____

June _____   everybody _____

21

vingt et un

Unité 5 — Joyeux anniversaire!

1 Complète.

21 vingt et un
22 vingt-deux
23 vingt- _____
24 _____ - _____
25 _____ - _____
26 _____ - _____
27 _____ - _____
28 _____ - _____
29 _____ - _____
30 trente
31 trente __ _____

2 Décode!

1	2	3	4	5	6	7	8	9	10	11	12	13
a	b	c	d	e	f	g	h	i	j	k	l	m
14	15	16	17	18	19	20	21	22	23	24	25	26
n	o	p	q	r	s	t	u	v	w	x	y	z

Exemple: dix-neuf   un   douze   vingt et un   vingt = salut

a   deux   quinze   quatorze   dix   quinze   vingt et un   dix-huit
b   trois   dix-huit   un   vingt-cinq   quinze   quatorze
c   dix-neuf   quinze   cinq   vingt et un   dix-huit
d   vingt-deux   cinq   quatorze   quatre   dix-huit   cinq   quatre   neuf
e   deux   neuf   cinq   quatorze   vingt-deux   cinq   quatorze   vingt et un   cinq

a = _____   b = _____   c = _____
d = _____   e = _____

Petit Pont

  **3** Loto! Raie les nombres que tu entends. *(Cross out the numbers that you hear.)*

12	5	23	17	20
30	28	21	10	25
22	13	4	29	15
8	27	31	11	14

 **Chanson**

Janvier, février, mars, avril

Les mois de l'année, c'est facile!

Mai, juin, juillet, août,

C'est les vacances! Allez, en route!

Septembre, octobre, novembre, décembre,

Ainsi on passe l'année ensemble.

Quelle est la date?

On est le premier mars.

On est le vingt-huit février.

 **4** Relie les nombres et les mois. *(Join up the numbers and the months.)*

a le 12   juillet
b le 20   janvier
c le 8   mai
d le 24   avril
e le 9   août
f le 17   mars

 **5** Souligne les dates que tu entends. *(Underline the dates you hear)*

le 10 janvier   le 15 juin   le 5 octobre

le 13 février   le 22 septembre   le 29 décembre

le 21 avril

23
vingt-trois

1

Trouve 4 jours de la semaine, 4 mois, et 4 nombres entre 1 et 20. *(Find 4 days of the week, 4 months, and 4 numbers between 1 and 20)*

j	i	m	a	r	s	o	v
u	r	q	u	a	t	r	e
i	j	t	f	z	s	m	n
l	u	n	d	i	e	a	d
l	i	g	m	o	i	r	r
e	n	u	a	n	z	d	e
t	r	e	i	z	e	i	d
r	p	q	j	e	u	d	i

2

Remplis les blancs et trouve le mot mystère!

```
    m  rs
       ovembre
  jui
  ma
    fé rier
octobr
  av  il
       eptembre
       oût
  ju  llet
décemb  e
  janvi  r
```

Trois dates

Le quatorze juillet, c'est la fête nationale.

Le vingt-cinq décembre, c'est Noël.

Et le dix-sept septembre, c'est mon anniversaire!

24 vingt-quatre

Petit Pont

Contre la montre

- C'est quand, ton anniversaire?
- C'est le quatre mai.
- C'est quand, ton anniversaire?
- C'est le dix-sept septembre.

3 Ecoute le CD et remplis le tableau.

Prénom	date de son anniversaire
Mathieu	_____
Benoît	_____
Marie-Laure	_____
Charlotte	_____
Domino	_____

Chanson

Joyeux anniversaire!

Joyeux anniversaire!

Joyeux anniversaire, Mathieu!

Joyeux anniversaire!

25
vingt-cinq

1

Cherche l'intrus. *(Find the odd one out.)*

a dimanche, dix-neuf, vendredi, jeudi.

b lundi, stade, école, pont.

c février, août, mars, mardi.

d stylo, douze, gomme, feutre.

e trousse, trente, quinze, quatre.

2

Continue la série.

a mercredi, jeudi, _____

b douze, treize, _____

c juin, juillet, _____

d samedi, dimanche, _____

e janvier, février, _____

f onze, dix, _____

g dix, vingt, _____

3

Trouve les paires.

Ça va?
Comment tu t'appelles?
On est quel jour?
Quel âge as-tu?
Où habites-tu?
C'est quand, ton anniversaire?
Tu as des frères et sœurs?

J'ai dix ans.
J'ai un frère.
Le seize novembre.
Jean-Philippe.
Ça va.
A Petit Pont.
On est mercredi.

4

Récris en séparant les mots. *(Write out, separating the words)*

jaiunesoeuretunfrère

monanniversaireestleseizeavril

_____ _____

_____ _____

vingt-six

Petit Pont

dimanche   remplis   vacances   entends
janvier   septembre   quand
trente   boulangerie   vendredi

Un cadeau surprise

un cadeau

①

②

③

④

27

vingt-sept

Unité 6
Les animaux

1 Recopie les noms.

exemple: chien

lapin   chien   poisson   chat   cochon d'Inde   cheval   oiseau

2 Qu'est-ce que c'est?

exemple:
a c'est un chat

28
vingt-huit

Petit Pont

Tu as un animal?

Oui, j'ai un chien.

Non, je n'ai pas d'animal.

3 Relie les enfants et les animaux.

Mathieu
Céline

Benoît

Marie-Laure

Youssef

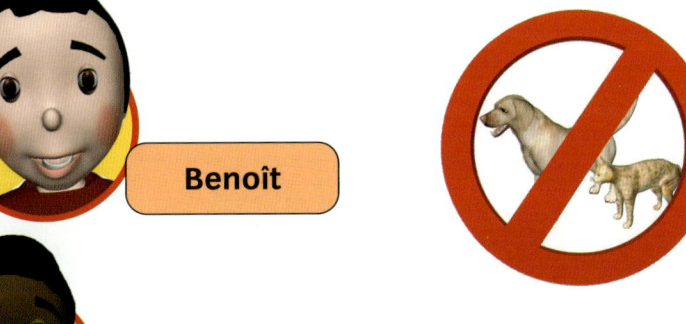

4 Et toi? Tu as un animal?

_____

Attention — **Plurals**

un chat	deux chat**s**	un cheval	deux chev**aux**
un animal	deux anim**aux**	un oiseau	deux oiseau**x**

29
vingt-neuf

Trouve les différences.

Exemple:

En haut, il y a deux chiens.
En bas, il y a trois chiens.

Chanson

Qu'est-ce qu'il y a à Petit Pont?
Il y a des chats
Et beaucoup de poissons.

Qu'est-ce qu'il y a à Petit Pont?
Il y a des chiens
Il y a des chats
Et beaucoup de poissons.

Qu'est-ce qu'il y a à Petit Pont?
Il y a des cochons d'Inde
Il y a des chevaux
Il y a des lapins
Il y a des oiseaux
Il y a des chiens
Il y a des chats
Et beaucoup de poissons.

Ecris le nom de chaque animal. *(Write each animal's name.)*

a    b    c    d

_____   _____   _____   _____

- Tu as un animal?
- Oui, j'ai un chat.
- Comment il s'appelle?
- Il s'appelle Mickey.
- Quel âge a-t-il?
- Il a trois ans.

- Tu as des frères et sœurs?
- J'ai une sœur.
- Comment elle s'appelle?
- Elle s'appelle Charlotte.
- Quel âge a-t-elle?
- Elle a dix ans.

 Pose les questions à ton/ta partenaire!

trente et un

Poème

Un chat, ça va.
Un cheval, c'est pas mal.
Mais un chien,
c'est bien!

moi   voici
toi   trois
oiseau   je crois
poisson

Le lapin de Mathieu

① une cabane

②

③

④

⑤

⑥

32 trente-deux

Petit Pont

Unité 7
Quelle couleur?

blanc rouge vert noir
bleu rose orange jaune
violet gris marron/brun

1 Benoît adore peindre. Complète les phrases et colorie les formes. *(Benoît loves painting. Complete the sentences and colour in the shapes.)*

rouge + bleu = _____.

bleu + jaune = _____

blanc + rouge = _____

noir + blanc = _____

rouge + jaune = _____

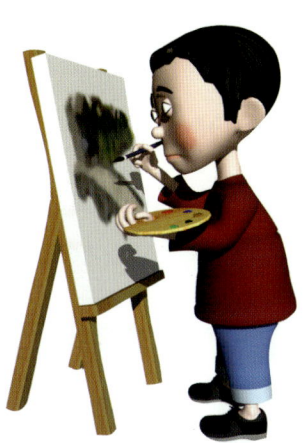

 **2** Ecoute Mathieu, Céline, Youssef, Marie-Laure, Benoît et Amélie. Quelle est leur couleur préférée?

 **3** Fais un sondage dans la classe *(Do a survey in class.)*. Demande: « Quelle est ta couleur préférée? »

33
trente-trois

1

Réponds aux questions.

a De quelle couleur est la piscine de Petit Pont? _____

b De quelle couleur est le T-shirt de Youssef? _____

c De quelle couleur est Domino? _____

d De quelle couleur est le cochon d'Inde de Marie-Laure? _____

e De quelle couleur est le café à Petit Pont? _____

f De quelle couleur est le lapin de Mathieu? _____

g De quelle couleur est l'oiseau de Marie-Laure? _____

h De quelles couleurs est le drapeau français? _____

2

Trouve…
un crayon rouge
une trousse jaune
un sac vert
une règle blanche
un toboggan bleu
un stylo noir
un chat blanc
une trousse grise
un sac marron
une gomme verte

Attention

un stylo rouge   une maison blanche
↑   ↑   ↑   ↑
noun adjective   noun   adjective

masculin	féminin	masculin ou féminin
noir	noire	rouge
blanc	blanche	orange
bleu	bleue	rose
vert	verte	marron
gris	grise	
brun	brune	
violet	violette	

3. Choisis le bon adjectif. *(Choose the right adjective.)*

un drapeau vert / verte

une règle blanc / blanche

une gomme bleu / bleue

un château gris / grise

un chat gris et blanc / grise et blanche

Poème

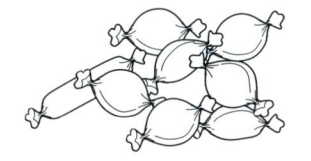

Colorie correctement les illustrations.

Bleu, blanc, rouge et vert:

Les bougies de mon anniversaire.

Violet, jaune, rose, orange:

Voici les bonbons que je mange.

Et pour finir, gris et noir:

La nuit, quand on dit « Au revoir. »

Quelle couleur est la plus belle?

Toutes les couleurs de l'arc-en-ciel!

1

Pose les questions à tes camarades.

Tu aimes le foot? / la télé? / l'école? / les bonbons? / les filles? / les garçons?

☺ Oui!
☹ Non!
😐 Ça va.

2

Remplis la grille avec ☺, 😐 ou ☹.

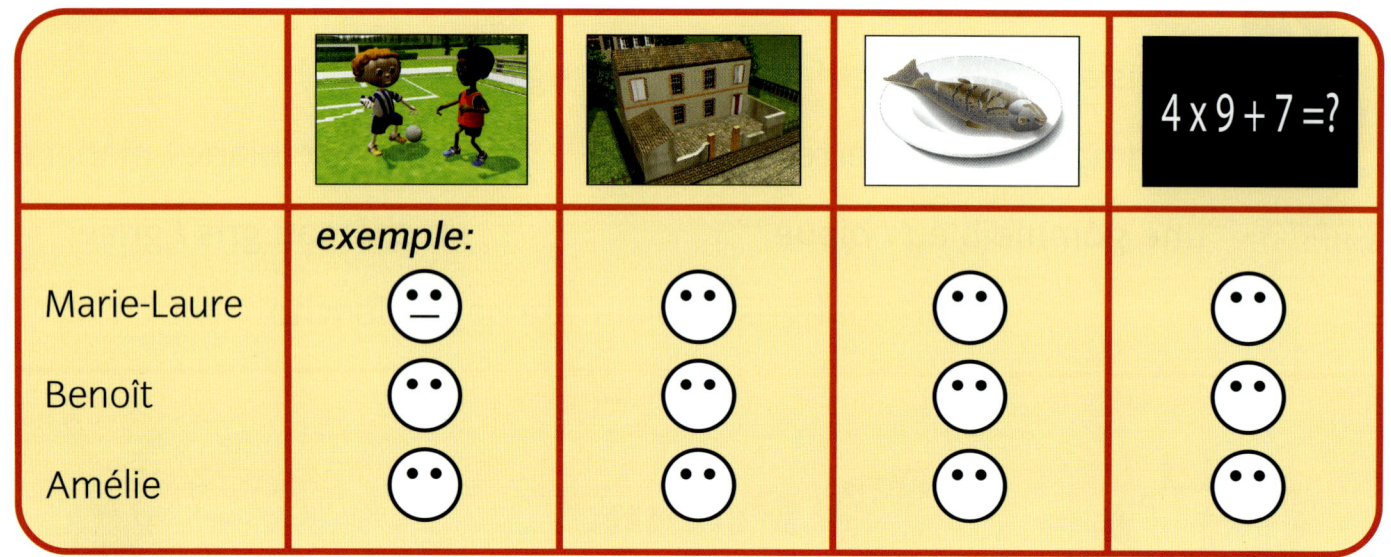

	⚽	🏠	🐟	4 x 9 + 7 =?
Marie-Laure	*exemple:* 😐			
Benoît				
Amélie				

3

Qui dit quoi? Ecris le bon numéro pour chaque image.
(Who says what? Write the correct number for each picture.)

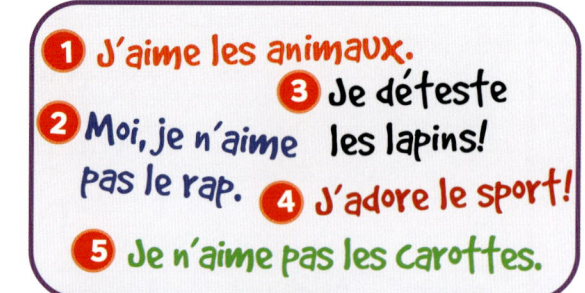

1. J'aime les animaux.
2. Moi, je n'aime pas le rap.
3. Je déteste les lapins!
4. J'adore le sport!
5. Je n'aime pas les carottes.

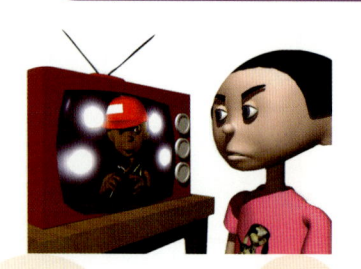

36
trente-six

Petit Pont

Attention
J'aime le foot. = I like football.
Tu aimes la télé? = Do you like television?
J'aime l'école. = I like school.
Je n'aime pas les chats. = I don't like cats.

4

Remplis les blancs.

a Tu aimes ____ chiens?

b Je n'aime pas ____ école.

c Je déteste ____ bonbons.

d Tu aimes ____ sport?

e Moi, j'adore ____ animaux.

5

Et toi? Complète les phrases.

Moi, j'adore _____   Je n'aime pas _____

J'aime _____   Et je déteste _____

Chanson

Moi, j'adore les bonbons.
Moi, je n'aime pas!
Moi, j'adore les bonbons.
Moi, je n'aime pas!
C'est pas grave. Tout le monde
adore le chocolat!

Moi, j'adore les sucettes.
Moi, je n'aime pas!
Moi, j'adore les sucettes.
Moi, je n'aime pas!
C'est pas grave. Tout le monde
adore le chocolat!

Moi, j'adore les gâteaux.
Moi, je n'aime pas!
Moi, j'adore les gâteaux.
Moi, je n'aime pas!
C'est pas grave. Tout le monde
adore le chocolat!

salut   gris   vert   blanc   mot
trois   violet   beaucoup   objet   petit

Qui est-ce?

un chapeau
un pull
un pantalon

un prix

38 trente-huit

Petit Pont

Unité 8
Que sais-tu?

1

Levez la main!

Qui…?

- n'aime pas le chocolat?
- a deux frères?
- a un chat?
- a une gomme?
- a neuf ans?
- habite dans un village?
- a beaucoup d'animaux?
- a un chien?
- a un crayon rouge?
- a une sœur?
- aime les chats?
- a des poissons?

2

Joue avec un partenaire!

Exemple: « Je pense à un endroit qui commence par « p » » — « pont! »

Je pense à
- un endroit
- un animal
- un mois
- un objet
- un jour
- une couleur

qui commence par……. r j m f s c

---

rouge dimanche jaune chien janvier marron
bleu
règle mai mercredi février cheval jeudi rose
cochon d'Inde école samedi avril place noir mardi
violet lapin juillet août mars pont vert
octobre trousse
septembre gris lundi café feutre
taille-crayon
poisson stylo gomme novembre
crayon vendredi
oiseau château orange blanc boulangerie
stade décembre

1

Jette le dé et avance.
Tu tombes sur « un animal »? Nomme un animal!
Tu tombes sur « une couleur »? Nomme une couleur!
Si non, tu n'avances pas.
Attention: pas de répétitions!

Petit Pont

30 trente 60 soixante 80 quatre-vingts
40 quarante 70 soixante-dix 90 quatre-vingt-dix
50 cinquante

2
Entoure les numéros que tu entends.

16 27 31 36 49
11 58 9 25 44

le timbre	stamp
environ	about
la vitesse	speed
le maillot	shirt
la montagne	mountain
à pois	spotted

Le Tour de France

Le premier Tour de France est en 1903. En 2003 le Tour a 100 ans. Il y a un timbre spécial pour l'anniversaire!

Il y a environ quatre-vingt-dix cyclistes. Ils font environ 2000 kilomètres en trente jours.

Le champion en vitesse porte un maillot vert.

Le champion en montagne porte un maillot à pois.

Le grand champion porte un maillot jaune.

3
Fill in the information in English.

Number of years the race has existed:	
Distance covered in race:	
Number of cyclists:	
Colour worn by best uphill cyclist:	
Colour worn by fastest cyclist:	
Colour worn by best overall cyclist:	

41
quarante et un

1 Mots croisés

horizontalement

1 Tu _____ le chocolat?
2 Mars, _____, mai.
3 La _____ de Mathieu s'appelle Amélie.
4 Domino _____ un chien.
5 Dimanche, _____, mardi.
6 Petit Pont est _____ France.
7 « Septembre, octobre, novembre, décembre, Ainsi on passe l'année _____. »

verticalement

1 Je m' _____ Mathieu.
8 Céline a _____ sœur qui s'appelle Charlotte.
9 La _____ de Monsieur Moulin est grise.
10 As-tu _____ frères?
11 Vendredi, _____, dimanche.
12 As-tu des _____ ou des sœurs?
13 Qu'est-ce qu'___ y a à Petit Pont?
14 Il y a un _____.

2 C'est vrai ou faux?
(Is it true or false?)

a Mathieu a un chat.
b Domino est marron et blanc.
c L'anniversaire de Céline est le 17 septembre.
d Marie-Laure a un oiseau bleu et jaune.
e Il y a un cinéma à Petit Pont.
f Il y a un fantôme au château de Petit Pont.
g On a école mercredi à Petit Pont.
h Mathieu a deux sœurs.

---

audio 52

rouge	trousse	rose	endroit	jour
frère	timbre	tour	crayon	premier
vert	anniversaire	février	marron	soeur

quarante-deux

Petit Pont

Le Tour de France

Chanson

Aujourd'hui à Petit Pont
on a de la chance.
Aujourd'hui, on va voir
Le Tour de France!

tout le monde	*everybody*
beaucoup de monde	*lots of people*
très vite	*very fast*
trop tard	*too late*
un autre cycliste	*another cyclist*
on a de la chance	*we're lucky*

43

quarante-trois

Wordlist
français – anglais

nm=masculine noun
nf=feminine noun
pl=plural

A

a has, has got
à in, to, at
adore love(s)
âge *nm* age
j' **ai** I have
aimer to like
ainsi like this
aller to go
an *nm* year
animal *nm* animal
année *nf* year
anniversaire *nm* birthday
août August
je m' **appelle** my name is
arc-en-ciel *nm* rainbow
arrivée *nf* arrival
asseyez-vous sit down
attention! be careful!
aujourd'hui today
autre other
avancer to move forward
avec with
avril April

B

en **bas** at the bottom
beaucoup lots
belle beautiful
bien good
à **bientôt** see you soon
bienvenue welcome
blanc, blanche white
blanc *nm* gap
bleu blue
bon, bonne right
bonbon *nm* sweet
bonjour hello
bonsoir good evening, goodbye
bougie *nf* candle
boulangerie *nf* bakers
brun brown

C

ça that
ça va alright
cabane *nf* hutch
cadeau *nm* present
café *nm* café
camarade *nm* classmate
carotte *nf* carrot
c'est it is
c'est pas it's not
champion *nm* champion
on a de la **chance** we're lucky
chanson *nf* song
chapeau *nm* hat
chaque each
chat *nm* cat
château *nm* castle
cherche look for
cheval *nm* horse
chien *nm* dog
chocolat *nm* chocolate
choisis choose
cinéma *nm* cinema
cinq five
cinquante fifty
classe *nf* class
cochon d'Inde *nm* guinea pig
colis *nm* parcel
colorie colour in
combien? how many?
commencer to start
comment tu t'appelles? What's your name?
complète complete
comprends understand
continue carry on, continue
contre against
correctement correctly
couleur *nf* colour
cour *nf* playground
crayon *nm* pencil
je **crois** I think
mots **croisés** *nm pl* crossword
cycliste *nm* cyclist

D

dans in
date *nf* date
de of
dé *nm* dice
décembre December

décode decode
demande ask
des some, any
dessin *nm* drawing
détester to hate
deux two
différence *nf* difference
dimanche Sunday
on **dit** you say
dix ten
dix-huit eighteen
dix-sept seventeen
dix-neuf nineteen
douze twelve
drapeau *nm* flag

E
école *nf* school
écoute listen
écris write
elle she, her
en route! Let's go!
endroit *nm* place
enfant *nm* child
ensemble together
entends hear
entoure circle
entre between
environ about
épouvantail *nm* scarecrow
est-ce que je peux? can I?
et and
exemple *nm* example

F
facile easy
facteur *nm* postman
fais do
fantôme *nm* ghost
faux false
fête *nf* festival, holiday
feu fire, blast off
feutre *nm* felt tip
février February
fille *nf* girl
finir to finish
font make
foot *nm* football
français French
frère *nm* brother

G
garçon *nm* boy
gâteau *nm* cake
c'est pas **grave** it doesn't matter
gomme *nf* rubber
grille *nf* grid
gris grey

H
habiter to live
en **haut** at the top
huit eight

I
il he
il y a there is, there are
intrus *nm* the odd one out

J
janvier January
jardin *nm* garden
jaune yellow
je I
jeter to throw
jeudi Thursday
jour *nm* day
joyeux happy
juillet July
juin June

L
la the
là there
lapin *nm* rabbit
le the
le **lendemain** the next day
les the
leur their
levez put up
levez-vous stand up, get up
lundi Monday

M
madame Mrs
mai May
maillot *nm* shirt
main *nf* hand
maintenant now
mais but
maison *nf* house
maître sir
pas **mal** not bad
manger to eat

quarante-cinq

mardi Tuesday
marron brown
mars March
mercredi Wednesday
moi me
mois *nm* month
mon my
beaucoup de monde lots of people
monsieur *nm* mister
montagne *nf* mountain
montre *nf* watch
mot *nm* word
mystère *nm* mystery

N

ne… pas not, don't
neuf nine
Noël Christmas
noir black
nom *nm* name
nombre *nm* number
nommer to name
non no
novembre November
nuit *nf* night
numéro *nm* number

O

objet *nm* object
octobre October
oiseau *nm* bird
on est quel jour? what day is it?
onze eleven
orange orange
ou or
où where
oui yes

P

Pâcques Easter
paire *nf* pair
pantalon *nm* trousers
par with, by
parler to speak, talk
partenaire *nm/f* partner
pas not
passer to spend
peindre to paint
penser à to think of

personne *nf* person; nobody
petit small, little
je peux? can I?
phrase *nf* sentence
piscine *nf* swimming pool
place *nf* square
plus more, most
à pois spotted
poisson *nm* fish
pont *nm* bridge
porter to wear
poser une question to ask a question
pour for, in order to
vous pouvez? can you?
préféré favourite
premier first
prénom *nm* first name
prix *nm* prize
prof *nm* teacher
pull *nm* jumper, sweater

Q

quand when
quarante forty
quatorze fourteen
quatre four
quatre-vingt-dix ninety
que which, that, what
quel, quelle which
qu'est-ce que what
qui who
quinze fifteen

R

rap *nm* rap
recopie copy out
récris rewrite
règle *nf* ruler
relie join up
remplis fill
répéter repeat
réponds answer
au revoir goodbye
rose pink
rouge red
en route! Let's go!

46
quarante-six

Petit Pont

S

je ne **sais pas** I don't know
salle de classe nf classroom
salut hi!
samedi Saturday
seize sixteen
semaine nf week
en **séparant** by splitting up
sept seven
septembre September
série nf series
s'il vous plaît please
si non if not
six six
sœur nf sister
soixante sixty
sondage nm survey
spécial special
stade nm sports ground
stylo nm pen
sucette nf lolly
sur on

T

ta your
tableau nm painting, table, whiteboard
taille-crayon nm pencil sharpener
taisez-vous be quiet
tard late
télé nf TV
toboggan nm slide
timbre nm stamp
toi you
toilettes nf pl toilet
tomber to land
ton your
tout le monde everybody
toutes all
treize thirteen
trente thirty
très very
trois three
trop too
trousse nf pencil case
trouve find
tu you

U

un a, one
unité nf unit

V

on **va** we're going
vacances nf pl holiday
vendredi Friday
vert green
village nm village
vingt twenty
violet purple
visiteur nm visitor
vite fast
vitesse nf speed
voici here is, here are
te **voilà** there you are
voir to see
vrai true

English – French

A
- a — un, une
- I am nine — j'ai neuf ans
- animal — animal *nm* animaux *pl*
- April — avril
- they are — ils/elles sont
- August — août

B
- bakers — boulangerie *nf*
- bird — oiseau *nm*
- birthday — anniversaire *nm*
- black — noir
- bless you! — à tes souhaits!
- blue — bleu(e)
- boy — garcon *nm*
- bridge — pont *nm*
- brother — frère *nm*
- brown — brun(e), marron

C
- cake — gâteau *nm* gateaux *pl*
- can I…? — est-ce que je peux….?
- castle — château *nm*
- cat — chat *nm*
- Christmas — Noël
- chocolate — chocolat *nm*
- colour — couleur *nf*

D
- date — date *nf*
- day — jour *nm*
- dog — chien *nm*
- December — décembre

E
- everybody — tout le monde

F
- February — février
- felt tip — feutre *nm*
- first — premier
- fish — poisson *nm*
- Friday — vendredi

G
- garden — jardin *nm*
- girl — fille *nf*
- to go — aller
- good — bien, bon
- goodbye — au revoir
- I've got — j'ai
- green — vert(e)
- grey — gris(e)
- guinea pig — cochon d'Inde *nm*

H
- hand — main *nf*
- hate — déteste
- happy birthday — joyeux anniversaire
- have you? — as-tu?
- I haven't got — je n'ai pas
- he — il
- hello — bonjour, bonsoir
- hi — salut
- holiday — vacances *nf pl*
- horse — cheval *nm* chevaux *pl*
- house — maison *nf*
- how old are you? — Quel âge as-tu?
- how many — combien de

I
- I — je
- is — est

J
- January — janvier
- July — juillet
- June — juin

K
- I don't know — je ne sais pas

L
- listen — écoute
- live — habite
- lots of — beaucoup de
- love — adore

M
- March — mars
- it doesn't matter — c'est pas grave
- May — mai
- me — moi
- Monday — lundi
- month — mois *nm*
- Mr — monsieur
- Mrs — madame
- my — mon, ma
- my name is — je m'appelle

48
quarante-huit

Petit Pont

N
name prénom *nm*
no non
not pas
November novembre

O
object objet *nm*
October octobre
how **old are you?** Quel âge as-tu?
one un, une
orange orange

P
pen stylo *nm*
pencil crayon *nm*
pencil case trousse *nf*
pencil sharpener taille-crayon *nm*
pet animal *nm* animaux *pl*
pink rose
place endroit *nm*
please s'il te plaît, s'il vous plaît
purple violet

R
rabbit lapin *nm*
red rouge
rubber gomme *nf*
ruler règle *nf*

S
Saturday samedi
school école *nf*
see you! salut!
September septembre
she elle
sister sœur *nf*
sit down asseyez-vous
sorry désolé(e)
sport sport *nm*
sports ground stade *nm*
square place *nf*
starts commence
Sunday dimanche
sweet bonbon *nm*

T
television télé *nf*
the le, la, les
thank you merci
there is, there are il y a
three trois
Thursday jeudi
tortoise tortue *nf*
Tuesday mardi
two deux

U
I don't **understand** je ne comprends pas

W
we have on a
Wednesday mercredi
welcome bienvenue
what is it? Qu'est-ce que c'est?
what's the date? Quelle est la date?
what's your name? Comment tu t'appelles?
when quand
where où
where do you live? Où habites-tu?
white blanc, blanche
who qui

Y
year an *nm*
yellow jaune
yes oui
you tu, toi
your ton, ta

49
quarante-neuf

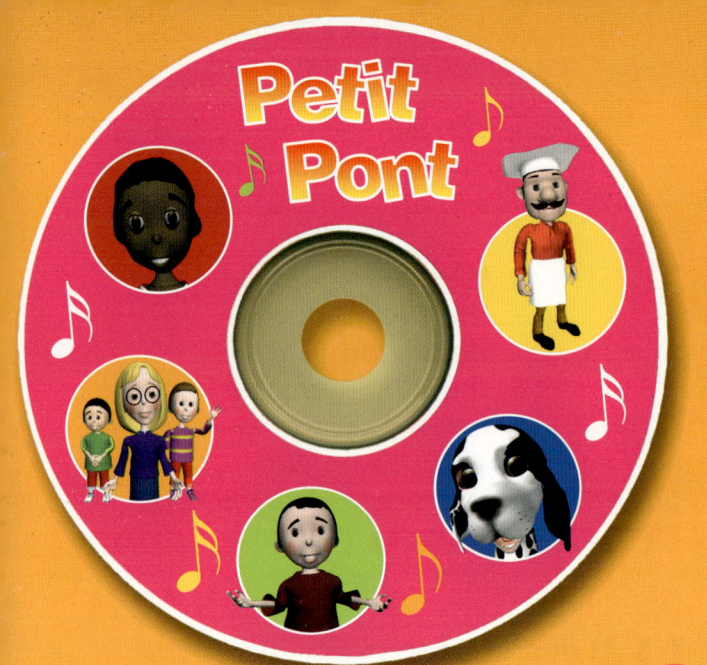

Petit Pont

Audio CD

Enjoy the conversations, poems, stories and songs from Petit Pont

- Featuring real French speakers
- Clear and carefully paced
- Developing key listening skills

Sing along with Petit Pont! Full songsheets available on the website www.eclipsebooks.com

Call 0870 242 2269